Este libro pertenece a

Abecedario

A B C D E

F G H I J

K L M N O

P Q R S T

U V W X Y

Z

Números

0 1 2 3

4 5 6 7

8 9 10